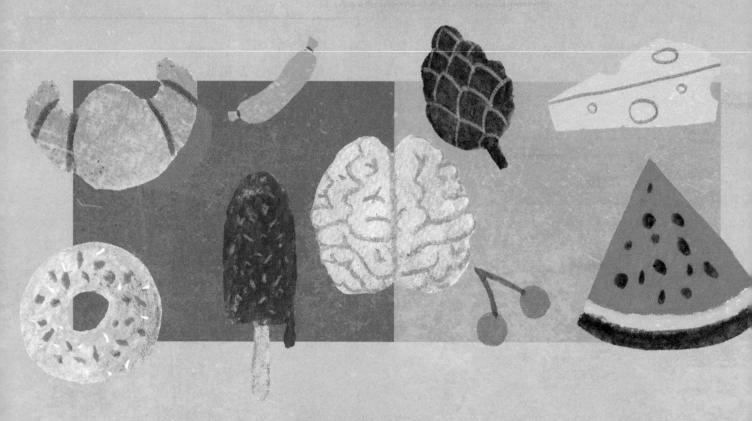

Para mi abuelo, que me enseñó a montar en bicicleta. Y para
Adrián, Mara y Leo, por su amor incondicional.

Diana Oliver

Texto © Diana Oliver, 2020
Ilustraciones © Carmen Saldaña, 2020
Revisión: Leticia Oyola

© **Andana Editorial**, para esta edición
1.ª edición: octubre, 2020
2.ª edición: agosto, 2023
C. Aureli Guaita Martorell, 18 C,
46220 Picassent (Valencia)
www.andana.net / andana@andana.net

ISBN: 978-84-17497-66-8
Depósito legal: V-405-2020
Impreso en España.

¡Ñam!
Sobre lo que comemos

Diana Oliver
Ilustrado por Carmen Saldaña

Andana
editorial

BIBLIOGRAFÍA

√ Basulto, J. y Cáceres, J., *Más vegetales, menos animales*, Barcelona, Penguin Random House (DeBolsillo), 2016.

√ Basulto. J., *Se me hace bola,* Barcelona, Penguin Random House (DeBolsillo), 2013.

√ Herrero, G., *Alimentación saludable para niños geniales*, AMAT Editorial, 2018.

√ Fleta, Y. y Giménez, J., *Coaching nutricional para niños y padres*, Grijalbo, 2017.

√ Agencia de Salud Pública de Cataluña, «Pequeños cambios para comer mejor», Barcelona, 2019. En: <http://salutpublica.gencat.cat/web/.content/minisite/aspcat/promocio_salut/alimentacio_saludable/02Publicacions/pub_alim_salu_tothom/Petits-canvis/La-guia-peq-cambios-castella.pdf>. [Consulta: mayo de 2019].

√ Organización Mundial de la Salud, «Nota informativa sobre la ingesta de azúcares recomendada en la directriz de la OMS para adultos y niños», 2015. En: <https://www.who.int/nutrition/publications/guidelines/sugar_intake_information_note_es.pdf>. [Consulta: junio de 2019].

√ Organización Mundial de la Salud, «Europe studies find baby foods are high in sugar and inappropriately marketed for babies», julio de 2019. En: <http://www.euro.who.int/en/media-centre/sections/press-releases/2019/whoeurope-studies-find-baby-foods-are-high-in-sugar-and-inappropriately-marketed-for-babies>. [Consulta: julio de 2019].

√ Basulto, J., *et al.*, «Azúcares en alimentos infantiles. La normativa española y europea, ¿a quién protege?», *Revista Pediatría Atención Primaria*, 31 de marzo de 2016. En: <https://pap.es/articulo/12320/azucares-en-alimentos-infantiles-la-normativa-espanola-y-europea-a-quien-protege>. [Consulta: julio de 2019].

√ Organización Mundial de la Salud, «Salt reduction», 2016. En: <http://www.who.int/news-room/factsheets/detail/salt-reduction>. [Consulta: junio de 2019].

√ Lurueña, M. A., «La mayor parte del azúcar que ingerimos proviene de refrescos, postres lácteos y repostería/bollería #EquipoAzúcar», 11 de marzo de 2016. En: <https://twitter.com/gominolasdpetro/status/708409944974991360>. [Consulta: junio de 2019].

√ Basulto, J., «El 96 % no reconocemos los azúcares añadidos en un alimento. Que se dice pronto», 29 de junio de 2017. En: <https://juliobasulto.com/96-no-reconocemos-los-azucares-anadidos-alimento-se-dice-pronto/>. [Consulta: junio de 2019].

√ Organización Mundial de la Salud, «Reducir el consumo de bebidas azucaradas para reducir el riesgo de sobrepeso y obesidad infantil», 5 de abril de 2019. En: <https://www.who.int/elena/titles/ssbs_childhood_obesity/es/>. [Consulta: junio de 2019].

√ Mercasa ediciones, «Documento sobre la producción de azúcar», 2016. En: <http://www.mercasa-ediciones.es/alimentacion_2016/pdfs/Sectores/Azucar_2016.pdf>. [Consulta: junio de 2019].

√ Agencia Española de Seguridad Alimentaria y Nutrición, «Prevenir intoxicaciones en verano», 28 de mayo de 2019. En: <http://www.aecosan.msssi.gob.es/AECOSAN/web/noticias_y_actualizaciones/temas_de_interes/campania_verano.htm>. [Consulta: julio de 2019].

√ Parker, L., «Ahogados en un mar de plástico», *National Geographic*, 8 de junio de 2019. En: <https://www.national-geographic.com.es/naturaleza/grandes-reportajes/ahogados-mar-plastico_12712/1>. [Consulta: junio de 2019].

√ Asociación Española de Pediatría, «Decálogo para padres sobre la actividad física de sus hijos». En <http://www.aeped.es/sites/default/files/documentos/diptico_actividades_fisicas_aep.pdf>. [Consulta: junio de 2019].

√ Oliver, D., «Nueve falsas creencias en torno a la alimentación de los niños», *El País*, 9 de mayo de 2018. En: <https://elpais.com/elpais/2018/05/07/mamas_papas/1525693156_085829.html>. [Consulta: mayo de 2019].

√ Agencia de Salud Pública de Cataluña, «Recomendaciones para la alimentación en la primera infancia (de 0 a 3 años)», Barcelona, abril de 2016. En: <http://salutpublica.gencat.cat/web/.content/minisite/aspcat/promocio_salut/alimentacio_saludable/02Publicacions/pub_alim_inf/recomanacions_0_3/0_3_guia_recomanacions/guia_recomendaciones_alimentacion_primera_infancia.pdf>. [Consulta: mayo de 2019].

√ Casabona, C. y Serrano, P., «¿Por qué tu hijo come peor de lo que piensas? (20 consejos útiles para la consulta del pediatra de Atención Primaria)», febrero de 2018. En: <https://www.aepap.org/sites/default/files/105-124_porque_tu_hijo_come_peor_de_lo_que_piensas.pdf>. [Consulta: mayo de 2019].

Índice

Prólogo

de Julio Basulto

«Señores pasajeros, en nuestro servicio de cafetería a bordo les ofrecemos Kit Kat, chocolate caliente, refrescos, galletas, *brownies*, patatas chips, cruasanes, caramelos Haribo, M&M's...». He dejado inacabada la oración porque no logré apuntar todos los «alimentos» (sí, entre comillas) que ofrecía dicho servicio de cafetería a bordo. Supongo que también ofrecieron café, o eso quiero creer. La frase sonó en los altavoces del avión en el que acababa de leer *¡Ñam!*, es decir, este magnífico libro de Diana Oliver que tengo el gran honor de prologar. Frase que ilustra cómo nos envuelve, como el agua rodea a un pez en el mar, un ambiente obesogénico. Ambiente que, como su nombre indica, aumenta las posibilidades de generar obesidad y, por ende, enfermedades crónicas. Basta abrir un poco los ojos (y destapar nuestras orejas) para entender que dicho ambiente no es la excepción, sino la norma.

Es posible que alguien se esté preguntando qué hace una periodista escribiendo sobre alimentación. Yo respondería con otra pregunta: ¿por qué ha tardado tanto una periodista tan brillante como Diana Oliver en escribir este tan recomendable libro de alimentación infantil? Hace muchísima falta

que más personas fiables como ella hablen con rigor de lo que comemos y de lo que no conviene que comamos. Y no solo porque nuestra dieta se está kitkatizando, macdonalizando y cocacolizando a marchas forzadas, sino, sobre todo, porque nuestra calidad y esperanza de vida empeorarán en breve en gran medida a causa de lo (mal) que comemos.

¿No me creen? Según el último informe del European Heart Network[1], la primera causa de muerte en Europa son las enfermedades cardiovasculares, y la principal causa de tales enfermedades son factores dietéticos modificables. Sumemos que vamos a presenciar en

breve, si nadie detiene la actual epidemia de obesidad infantil que asola el planeta, que nuestros hijos vivirán menos años que nosotros. Será la primera vez en la historia moderna en que los hijos tienen una esperanza de vida inferior a la de sus padres[2].

Y es que la medicina actual puede prevenir (a escala poblacional, se entiende), la muerte prematura en adultos que desarrollan obesidad a los 45 años, diabetes a los 55 y una enfermedad cardíaca a los 65. Sin embargo, la medicina no va a evolucionar tanto y tan rápido como para poder hacer frente a tales patologías cuando nuestros niños las sufran. Niños cuyo peso corporal es más elevado que en ninguna otra época de la historia[3].

Y si alguien cree que España está libre de esta epidemia, debe saber que España es uno de los principales líderes europeos en obesidad infantil[4]. Algo que no solo afectará a su salud física, también a su autoestima. Porque los niños con exceso de peso suelen sufrir, desgraciadamente, más discriminación y acoso, lo que a su vez aumenta las posibilidades de engordar y también de padecer enfermedades crónicas[5].

Sea como sea, estamos ante una crisis que debe atacarse por múltiples frentes, como explica el abogado Francisco José Ojuelos en un libro que nos encanta tanto a Diana como a mí: *El derecho de la nutrición*[6]. Uno de tales frentes es, sin duda, disponer de herramientas que nos permitan mejorar nuestra alimentación, como es el caso de *¡Ñam!*, el libro que tienen en sus manos.

Termino este breve prólogo citando otro libro que nos apasiona a Diana Oliver y a mí (¿y a quién no?): *La historia interminable*, de Michael Ende. En esta fantástica novela, Bastián tiene que encontrar un nombre a la emperatriz infantil para que pueda enfrentarse a la Nada. La Nada es un agujero oscuro e inmaterial que consume el reino de Fantasía. Conforme la Nada avanza, empeora el estado de salud de la emperatriz, que corre peligro de muerte. Algo así sucede hoy por hoy: conforme avanza el *marketing* de productos malsanos dirigidos a niños (productos carentes de nutrientes esenciales, algo así como «un agujero oscuro e inmaterial»), empeora la salud infantil. En una entrevista realizada a Michael Ende por Jean-Luis de Rambures, Ende dijo lo siguiente: «No ataco a individuos, sino a un sistema (llámele, si quiere, capitalista) que está a punto (nos daremos cuenta dentro de 10 o 15 años) de hacernos caer en el abismo»[7]. Ya nos hemos dado cuenta.

Por fortuna, Diana Oliver es como Bastián, así que ha encontrado un nombre que ayudará a salvar a nuestra sociedad de una Nada igual de devastadora que la que aparece en *La historia interminable*: la mala alimentación. Ese nombre es ¡Ñam!

Enhorabuena y muchísimas gracias, Diana.

Julio Basulto
www.juliobasulto.com

1. European Health Network. « European Cardiovascular Disease Statistics 2017. Disponible en: http://www.ehnheart.org/cvd-statistics/cvd-statistics-2017.html [Consulta: 16/7/2019].

2. Basulto, J., «¿Por qué no hay ancianos en la película WALL • E?», 7/7/2019. Disponible en: https://juliobasulto.com/no-ancianos-la-pelicula-wall%E2%80%A2e/ [Consulta: 16/7/2019].

3. Ludwig, D. S., «Lifespan Weighed Down by Diet». JAMA. 2016 Jun 7;315(21):2269-70. Disponible en: https://doi.org/10.1001/jama.2016.3829 [Consulta: 16/7/2019].

4. Spinelli, A.; Buoncristiano, M.; Kovacs, V. A.; Yngve, A.; Spiroski, I.; Obreja, G., et al., «Prevalence of Severe Obesity among Primary School Children in 21 European Countries». Obes Facts. 2019;12(2):244-258. Disponible en: https://doi.org/10.1159/000500436 [Consulta: 16/7/2019].

5. «Five Things to Know About Bullying and Weight Bias», ConscienHealth. 3/7/2019. Disponible en: https://conscienhealth.org/2019/07/five-things-to-know-about-bullying-and-weight-bias/ [Consulta: 16/7/2019].

6. Ojuelos, F. J., *El derecho de la nutrición*. Madrid: Amarante; 2018.

7. De Rambures, J. L., «Michael Ende, la realidad de la fantasía». *El País*, 22/4/1985. Disponible en: https://elpais.com/diario/1984/04/22/cultura/451432804_850215.html [Consulta: 16/7/2019].

¿Por qué comemos?

Comen la pata, la vaca y la rana.
Lo hacen también el chimpancé,
el rinoceronte, el oso y el coyote.
Come el perro y come el gato.
Comen la araña, la cigarra y el mosquito.
Y los pájaros ansiosos en el nido.
Comen la planta, la lombriz y el caracol.
Comen la ballena y el mejillón.
¡Cuidado con la medusa y el tiburón!
Come el niño y come la niña.
Comen la abuela y la tía Mercedes,
el conductor del tren y hasta la profe de francés.

12

LOS NUTRIENTES ESENCIALES. ¿DÓNDE ENCONTRARLOS?

Todos comemos. Pero ¿por qué comemos los humanos? A diferencia de otros animales, no solo comemos para vivir; también lo hacemos para relacionarnos, para celebrar y para mantener vivas nuestras tradiciones.

Comemos para vivir, porque de los alimentos obtenemos parte de lo que nuestro cuerpo necesita para funcionar: los nutrientes. Los hay de muchas clases, como los hidratos de carbono, las grasas y las proteínas, que son los que nos aportan el combustible. Las vitaminas y los minerales son los encargados de que nuestro sistema inmune funcione. También de que nuestras células crezcan y de que los órganos trabajen como deben. ¡Ah! Pero no solo con la comida cubrimos nuestras necesidades como seres vivos. Necesitamos más agua que la que los alimentos nos proporcionan. Y el sol y el ejercicio físico, que son los encargados de fijar el calcio de nuestros huesos para que se mantengan sanos y fuertes.

COMEMOS PARA RELACIONARNOS

Porque con la comida también disfrutamos de un momento compartido con familia y amigos. También hay mucho que aprender, como a conversar, a escuchar o hasta a descubrir nuevos sabores. Comer nos permite además interactuar, convivir y compartir. **Porque compartir mantel es también querer.** ¿Cómo ha llegado la comida al plato? ¿Quién la ha cocinado? Cocinar es cuidar a los demás. ¿Te gusta cocinar en familia? Eso nos permite saber qué es y de dónde viene lo que comemos, cómo se puede preparar, qué tipo de utensilios se deben utilizar o cómo podemos protegernos de quemaduras y accidentes cocinando.

COMEMOS POR TRADICIÓN

Porque la comida forma parte de nuestra cultura. Cada país tiene las suyas. En España, por ejemplo, comemos doce uvas la noche de fin de año. Una por cada campanada de la medianoche. En Francia es muy típico comer algo de queso después de comer los platos principales, y siempre antes del postre. En Estados Unidos es tradición asar un gran pavo y degustarlo en familia el Día de Acción de Gracias, celebrado el tercer jueves de noviembre. Y en Japón es importante preparar platos con ingredientes frescos y presentarlos cuidadosamente decorados en una vajilla especial en ocasiones como Año Nuevo o el inicio de cada estación. Cada uno de esos platos tiene un significado simbólico.

España
Fin de año

Francia
Comidas especiales

Estados Unidos
Día de Acción de Gracias

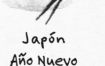

Japón
Año Nuevo

14

COMEMOS PARA CELEBRAR

Porque «no hay fiesta sin banquete». Son conocidos los banquetes que organizaban los romanos y los griegos en la Antigüedad. Mucho después, hemos mantenido esa fiesta con comida, cada cual con sus preferencias y posibilidades. Hoy lo vemos en las bodas o cuando tenemos algo importante que festejar. ¿Cómo celebráis los cumpleaños en vuestra casa? Seguramente alrededor de algo de comer y de una deliciosa tarta. ¡Qué mejor banquete! Pero, cuidado, no te fijes solo en los manjares: la compañía, la música y los juegos son igual de importantes. O más.

En torno a un mantel y algo rico de comer, tenemos muchas cosas que aprender.

NO TODOS COMEMOS LO MISMO

No en todos los lugares tenemos disponible la misma variedad de alimentos ni las mismas costumbres de consumo. En algunas regiones de China y Vietnam, por ejemplo, comen perro, y en Corea del Norte, gusanos de seda. En India, las vacas son sagradas y su carne no se come. Tampoco en los países árabes se toma cerdo, por cuestiones religiosas.

Salmón ahumado

Hamburguesa

Pavo asado al horno

Tacos

Arepas

Moqueca

Asado

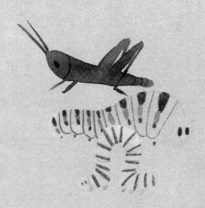

EN MUCHOS PAÍSES SE COME CON LAS MANOS

Las civilizaciones antiguas tomaban los alimentos con las manos. El concepto de menú es muy reciente y, de hecho, los cubiertos no se inventaron hasta hace muy pocos siglos. En España, por ejemplo, no se empezaron a popularizar hasta el siglo *XVIII*.

En algunos países de África, Asia y América se mantiene la tradición de comer con las manos. Y en el resto, aunque no se haga con todas las comidas, se utilizan estas para tomar alimentos como las arepas, los bocadillos o los tacos.

EL RELOJ MUNDIAL DE LAS COMIDAS

Las personas comemos en horarios muy distintos. Los ingleses cenan a las cinco, mientras que en otros países europeos se espera hasta las siete. En España o Argentina, pueden dar las nueve o las diez de la noche para cenar.

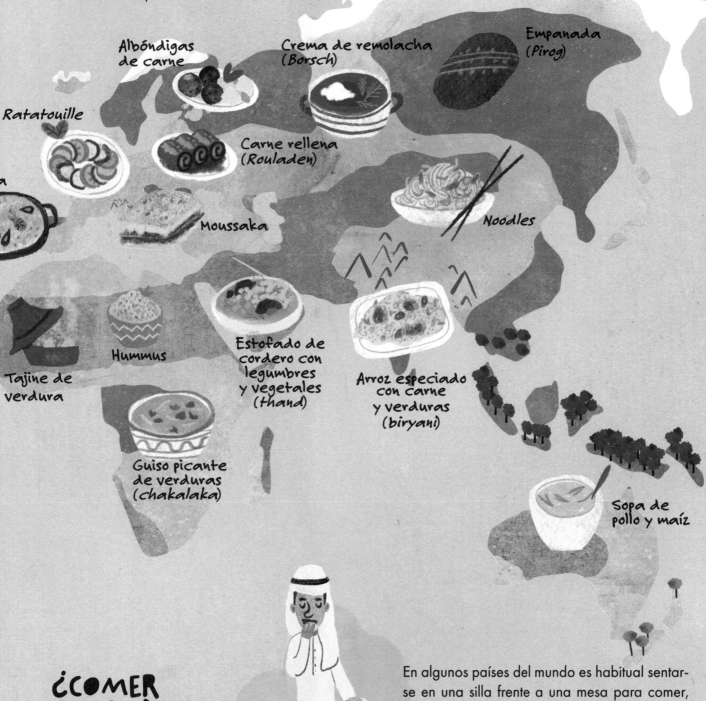

Albóndigas de carne

Crema de remolacha (Borsch)

Empanada (Pirog)

Ratatouille

Carne rellena (Rouladen)

Moussaka

Noodles

Hummus

Estofado de cordero con legumbres y vegetales (thand)

Arroz especiado con carne y verduras (biryani)

Tajine de verdura

Guiso picante de verduras (chakalaka)

Sopa de pollo y maíz

¿COMER SENTADOS EN EL SUELO?

En algunos países del mundo es habitual sentarse en una silla frente a una mesa para comer, pero en otros lo hacen en el suelo. Como en Japón, donde comen sobre una estera conocida como *tatami*, o en los países árabes, donde se sientan a comer sobre alfombras.

Comer deliciosamente saludable

Castaña

Los alimentos saludables son, sobre todo, los alimentos frescos sin procesar y aquellos poco procesados. Al alimento saludable no le hace falta carta de presentación ni que elogien sus propiedades. Han nacido y crecido saludables, o el ser humano los ha modificado tan poco que mantienen intacto su carné de alimento saludable.

Huevo   Queso

Puerro

Acelga

Yogur natural

Pera

Lenguado

Cacahuete

Pan integral

¿QUÉ ES COMER SANO?

Hoy es difícil saber lo que es. La publicidad nos ha hecho un lío importante y a veces no sabemos ni lo que estamos comiendo. Comer sano es conseguir todos los nutrientes que precisamos a partir de la cantidad necesaria de alimentos saludables. Y cocinarlos o prepararlos con mucho cuidado y amor. Comer sano es también evitar el consumo de alimentos que no son saludables o reducirlos todo lo posible. ¿Fácil? Seguro que hay muchas cosas en las que podemos mejorar nuestra alimentación.

Nuez

Sandía

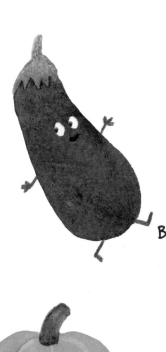
Berenjena

Lentejas
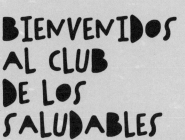

Leche

Manzana

Calabaza

Pimiento

Alcachofa

Arroz

BIENVENIDOS
AL CLUB
DE LOS
SALUDABLES

Garbanzos

Pollo

Zanahoria

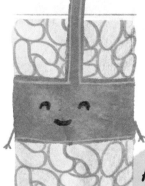
Alubias

Seta

Los alimentos insanos son todos aquellos que por sus características o por la modificación externa no tienen, o han perdido, su carné de alimento saludable. Pero, ¡atención!, muchos de esos alimentos saben camuflarse muy bien en el supermercado.

No es sencillo distinguirlos, pero a veces observarás que van vestidos con etiquetas coloridas y alegres. En ocasiones se llaman bio, 0%, sin aditivos, *light*, ecológico. ¡Son muy astutos!

Disfruta con la preparación de los alimentos

Cocinar puede ser una actividad placentera y divertida. No hace falta tener grandes conocimientos culinarios para convertirnos en cocineros de comida deliciosamente saludable. Es cuestión de práctica, de prestar mucha atención a los cocineros de la casa y de seguir algunas reglas básicas.

Reglas básicas:

✓ Manos muy limpias antes de meternos a cocinar.

✓ Tener claro lo que vamos a hacer y lo que necesitamos para ello, y pedir ayuda siempre que lo necesitemos.

✓ ¡En la cocina hay utensilios y electrodomésticos que solo debemos manipular con ayuda de un adulto!

¿SABES CÓMO SERÍA UN PLATO SALUDABLE?

El plato ideal debería tener estos alimentos en estas proporciones: la mitad deben ser hortalizas, y la otra mitad se divide a su vez en dos: en farináceos integrales (como pasta o arroz), y en alimentos proteicos de origen vegetal (como legumbres o tofu) o animal (carne, pescado, huevo).

LA ALIMENTACIÓN ES IMPORTANTE PARA REDUCIR EL RIESGO DE ALGUNAS ENFERMEDADES

La ciencia ha demostrado que la alimentación juega un papel muy importante en el estado de salud de las personas. Es cierto que nada puede asegurarnos no enfermar nunca, pero podemos reducir el riesgo de sufrir problemas de salud importantes como la obesidad, la diabetes, el cáncer o las enfermedades cardio-vasculares, entre otros, adoptando unos hábitos saludables y una buena alimentación.

Nuestra alimentación puede ser deliciosa sin que con ello renunciemos a que sea saludable. Hay muchísimas maneras de combinar alimentos y de hacerlos aún más gustosos. ¿Ideas deliciosamente saludables? Hay platos que pueden resultar más exquisitos si añadimos frutos secos y fruta fresca, como, por ejemplo, una ensalada, un guiso o un yogur natural. Las especias son también buenas amigas en la cocina. Un poquito de curri, de pimienta, de orégano o de perejil les da vida a muchas preparaciones.

Y comer solo lo que necesitemos, claro. Que nadie nos obligue nunca a comer, por favor.

Los cinco reyes de la alimentación

Las frutas, las hortalizas, las legumbres y los frutos secos son alimentos de consumo diario. Deben ser, con los granos integrales (o sus derivados poco procesados), la base de nuestra alimentación.

1. Frutas

Existen tantos tipos de fruta que podríamos comer una variedad distinta cada día durante un mes entero sin llegar a repetirlas.

Las frutas son, con las hortalizas, las legumbres y los granos integrales, la base de una alimentación saludable. Son ricas en vitaminas, minerales, fibra y agua.

Frambuesa

Mora

Banan

Fresa

Pitahaya

Carambola

Naranja

Pome

Piña

Grosella

Arándano

Mandarina

sandía

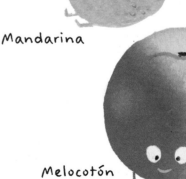

Melocotón

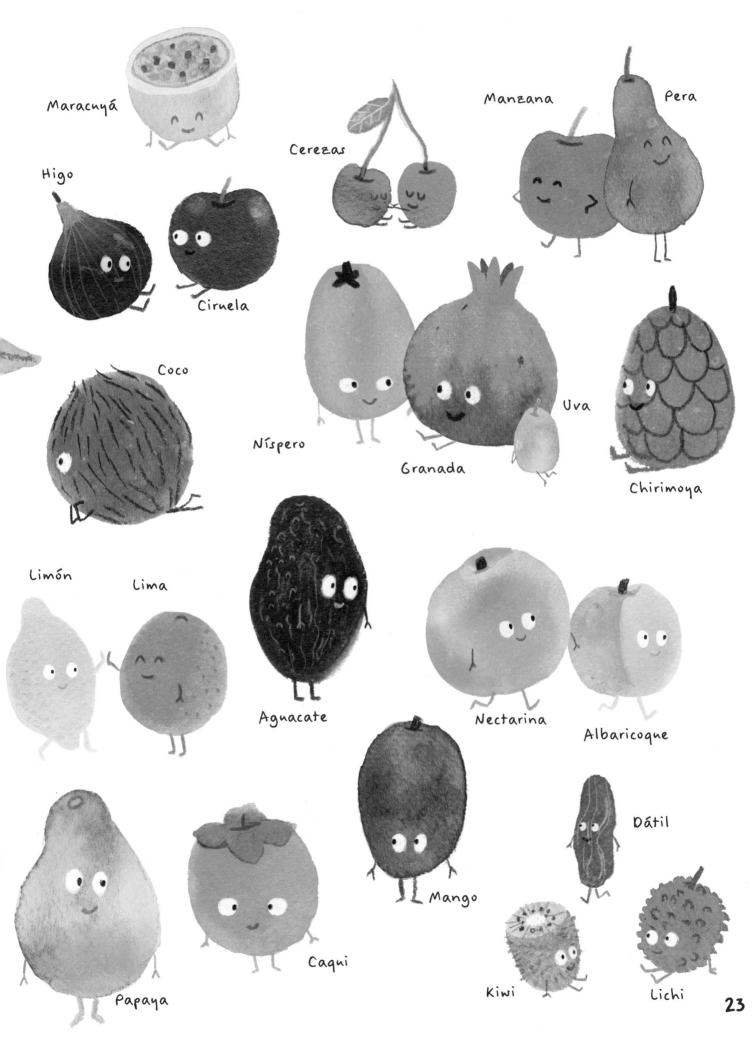

Maracuyá

Higo

Ciruela

Cerezas

Manzana

Pera

Coco

Níspero

Granada

Uva

Chirimoya

Limón

Lima

Aguacate

Nectarina

Albaricoque

Papaya

Caqui

Mango

Dátil

Kiwi

Lichi

23

Formas de comer frutas

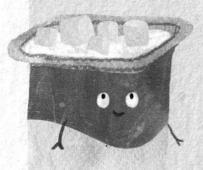

⊙ Cortada en dados y añadida a un yogur natural sin azúcar.

⊙ Una pieza de fruta fresca pelada o lavada. Sola o combinada.

⊙ Cocinada en el microondas, al vapor o al horno.

⊙ En rodajas con un poco de canela y frutos secos molidos por encima.

⊙ Añadida a cualquier plato a lo largo del día: ensaladas, pastas, arroces, legumbres...

Recuerda que la imaginación es la mejor compañera en la cocina.

COSAS QUE QUIZÁS NO SEPAS

√ El zumo, aunque sea de fruta, no es fruta. Es mejor tomar la fruta entera o en trozos que en zumos (ni caseros ni industriales).

√ Puedes comer tanta fruta como desees. No existe un máximo diario recomendado.

√ No es necesario que te gusten todas las frutas, ni siquiera un amplio número de ellas, pero seguro que por más de una sientes amor incondicional. ¡Hay muchísimas!

UNA CURIOSIDAD

Se cree que el nombre del kiwi se debe a su parecido con un ave no voladora originaria de Nueva Zelanda. Su aspecto es similar: cuerpo redondo y una pelusilla de tonos marrones que da la sensación de pelaje.

2. Hortalizas

Verdes, amarillas, rojas, naranjas, blancas y hasta moradas. El abanico de colores de huertas y cultivos es tan amplio como lo son sus sabores, olores y texturas.

Tienen un alto valor nutritivo y ofrecen un sinfín de posibilidades a la hora de hincarles el diente.

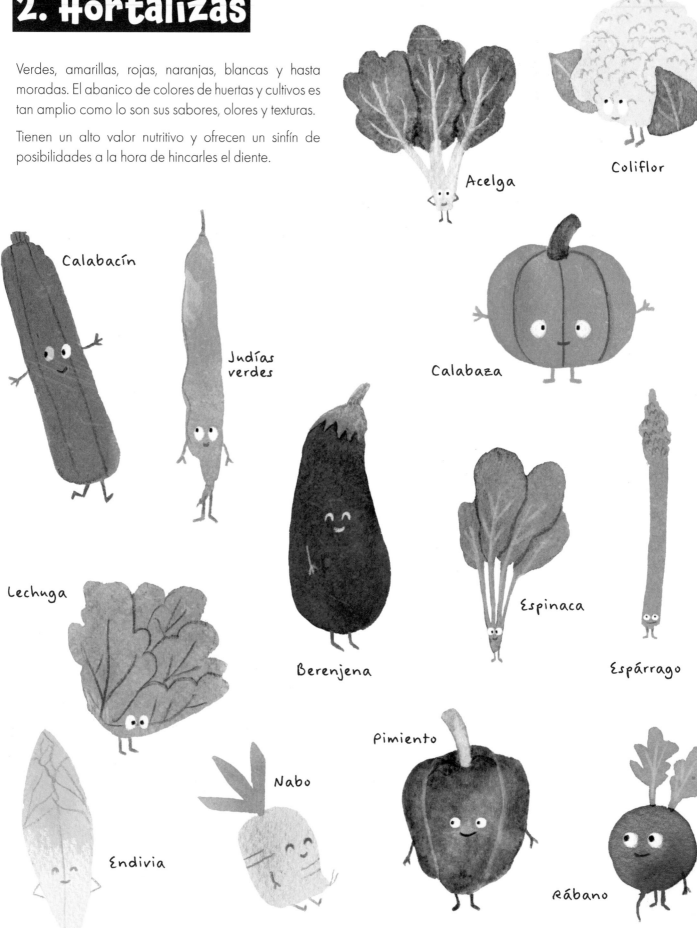

Acelga

Coliflor

Calabacín

Judías verdes

Calabaza

Berenjena

Espinaca

Espárrago

Lechuga

Endivia

Nabo

Pimiento

Rábano

26

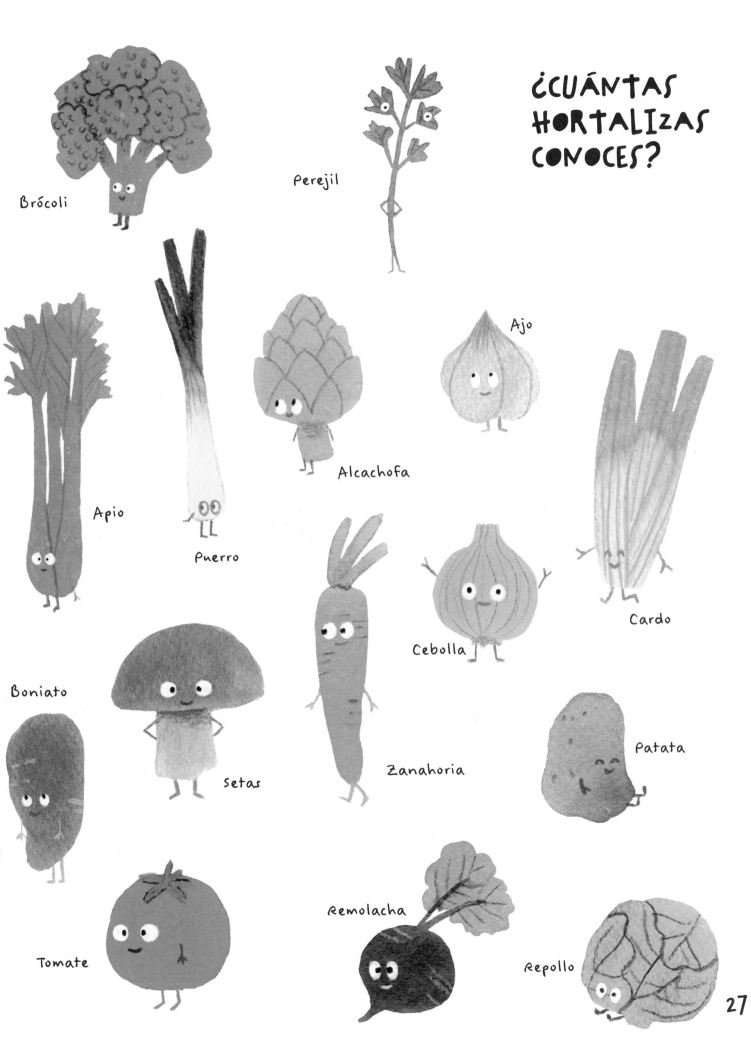

Brócoli

Perejil

Apio

Puerro

Alcachofa

Ajo

Cardo

Boniato

Setas

Zanahoria

Cebolla

Patata

Tomate

Remolacha

Repollo

27

Formas de comer hortalizas

- *En crudo. Eso sí, bien lavadas o peladas. Excepto las patatas y los boniatos que no deben comerse crudos por su toxicidad.*

- *Al vapor, salteadas, guisadas o al horno. Solas o acompañadas de otros alimentos y especias.*

- *En crema o puré. ¿Has probado a darles un toquecito de aceite de oliva virgen?*

- *En ensalada las puedes combinar hasta el infinito.*

- *Atrévete a hacer grupos, adereza con limón, aceite de oliva y sal yodada ¡y a disfrutar!*

- *En bocadillos y tostas las hortalizas se llevan genial con los patés de legumbres. ¿Te atreves con una tosta de hummus, setas y almendras picadas?*

- *Las empanadas de verduras son muy divertidas de preparar y ofrecen un montón de posibilidades. Una idea: empanada de calabaza, cebolla y puerro en tiras.*

¿SABÍAS QUÉ...

Aunque a nivel gastronómico consideramos el pepino, la calabaza, el calabacín, el pimiento y la berenjena como hortalizas, lo cierto es que a nivel botánico son frutas.

La fruta es la parte de la planta que tiene una función reproductiva. ¿Te has fijado en que todas tienen algo en común? Todas tienen semillas en su interior. En cambio, una hortaliza es otra parte de la planta que no es el fruto. Puede ser el tallo, las hojas o la raíz.

28

COSAS QUE QUIZÁS NO SEPAS

√ Las hortalizas se pueden encontrar en el mercado y en el supermercado de muchas maneras: frescas, congeladas, deshidratadas y en conserva.

√ La mayoría de las personas no comen suficientes hortalizas, pese a ser alimentos gustosos, saludables y fáciles de encontrar y cocinar.

UNA CURIOSIDAD

La zanahoria proviene de los actuales Irán y Afganistán, donde empezó a cultivarse hace miles de años. Se piensa que en sus orígenes era de color blanco, y que fueron los agricultores quienes modificaron el color con el tiempo, pasando por el morado y el amarillo hasta llegar al naranja que la caracteriza hoy en día.

3. Legumbres

Las legumbres son alimentos muy versátiles: encajan tanto en platos calientes como en fríos, y aceptan un montón de combinaciones con otros alimentos. Hay muchas variedades de legumbres pero podemos agruparlas en cinco equipos:

Garbanzos

Soja

Alubias

Lentejas

Guisantes

YOU'RE GOOD.

NOMBRE: ALUBIA
PROTEÍNA ORIGEN VEGETAL

★★★★ ¡ÑAM!

El **carné de alimento saludable de las legumbres** les pertenece por ser una fuente saludable de proteínas de origen vegetal, pero también porque son grandes portadoras de otros nutrientes beneficiosos como fibra, minerales y vitaminas.

Los expertos en nutrición recomiendan consumirlas un mínimo de tres o cuatro veces a la semana.

Formas de comer legumbres

○ Tradicionalmente se asociaba el uso de legumbres con guisos o sopas (aunque lo cierto es que hay muchas otras maneras de cocinarlas).

○ Se pueden cocer en agua y sal y utilizar de múltiples formas: añadidas a una ensalada; junto a unas cuantas hortalizas asadas o salteadas; rehogadas con ajo, aceite de oliva y pimentón.

○ Los patés de legumbres se preparan muy rápido y son un bocado exquisito para cualquier momento del día.

○ Las cremas frías o calientes también son una opción. ¿Pensabas que solo se podrían tomar cremas de verduras? Las lentejas, por ejemplo, quedan la mar de ricas en crema si se acompañan de algunos frutos secos y hortalizas.

○ Preparaciones como el falafel son una fiesta para el paladar. Mmmm...

COSAS QUE QUIZÁS NO SEPAS

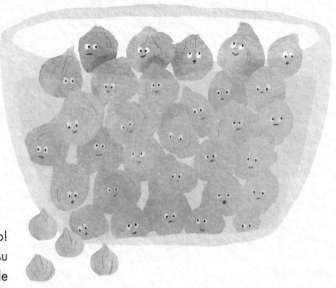

√ Las legumbres son la semilla seca de algunos tipos de árboles, arbustos y plantas.

√ La mayoría de las legumbres necesitan ser cocinadas antes de comerlas si no quieres partirte un diente. Además, las legumbres tienen lectinas y se deben cocinar para eliminarlas, ya que resultan tóxicas.

√ Antes de cocinarlas, algunas legumbres se deben poner en remojo en agua durante diez o doce horas para que la cocción sea más rápida. ¡Y, cuidado! Porque a las pocas horas habrán aumentado su tamaño, así que ojo con el recipiente y la cantidad de agua que tienen.

UNA CURIOSIDAD

Las legumbres eran ya uno de los alimentos básicos de los egipcios hace miles de años. En algunos enterramientos se han encontrado cestos con lentejas y garbanzos.

4. Frutos secos

Son los frutos de algunos árboles y plantas y suelen tener una cáscara dura.

Los frutos secos nos aportan vitaminas, minerales, proteínas y sustancias fitoquímicas beneficiosas. Se llaman así porque solo la mitad de su composición es agua, mucho menos si se compara con las grandes cantidades que tienen otros frutos. Esta característica nos permite conservarlos durante mucho tiempo en nuestra despensa.

Avellanas

Nueces

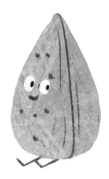

Almendras

Piñones

Formas de comer frutos secos cada día

○ *¿Desde cuándo se pueden comer? Desde los seis meses de vida, cuando se comienza con la alimentación complementaria, pero solo si son machacados, triturados o molidos. Hasta al menos los tres años no se deben tomar frutos secos enteros, ya que hay riesgo de atragatamiento. A partir de entonces, sí, pero siempre bajo la atenta supervisión de un adulto.*

○ *Los frutos secos se pueden consumir crudos o tostados. Siempre sin sal y sin azúcar, claro.*

○ *Las cremas de frutos secos son deliciosas e ideales para untar en un poco de pan integral.*

○ *Cualquier plato combina bien con un puñado de frutos secos: ensaladas, guisos, pastas, cremas...*

○ *Podemos elaborar con ellos salsas caseras y aliños.*

Pistachos

Castañas

COSAS QUE QUIZÁS NO SEPAS

√ Los frutos secos son ricos en grasas, pero en grasas saludables, buenas para nuestro cuerpo.

√ Los investigadores en nutrición han encontrado que comer frutos secos está relacionado con un menor riesgo de sufrir enfermedades importantes como cáncer, diabetes o las relacionadas con el aparato circulatorio o respiratorio.

√ Se recomienda tomar un puñado de frutos secos cada día. Sí, sí, cada día. Muchas personas piensan que no se pueden comer a menudo porque eso les haría aumentar de peso o enfermar, pero los últimos estudios publicados encuentran un buen número de beneficios si se consumen cada día y eso incluye la prevención de la obesidad. Lo difícil será elegir entre tantas pequeñas delicias.

Nueces de
Macadamia

Anacardos

Pipas de
calabaza

UNA CURIOSIDAD

El cacahuete es realmente una legumbre, pero está considerado popularmente como fruto seco. Eso sí, no requiere dejarlo en remojo ni cocción.

Pipas de
girasol

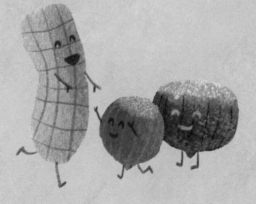

5. Cereales integrales

Los cereales son las semillas de las plantas que pertenecen a la familia de las poáceas. Son una fuente muy importante de fibra, hidratos de carbono, vitaminas y almidón.

Quinoa

Trigo

Espelta

Alimentos hechos con cereales integrales

Pan integral

Cuscús integral

Bulgur integral

Pasta fresca o seca integral

Harina integral

Palomitas de maíz

Copos de avena

Cebada

Maíz

34

¿SABÍAS QUÉ...

Los cereales pueden empezar a tomarse desde que cumplimos los seis meses de vida, que es cuando aproximadamente se inicia la alimentación complementaria. Al contrario de lo que durante mucho tiempo se ha pensado, no es necesario ofrecer al bebé papillas industriales de cereales, sino que hay un montón de formas mucho más recomendables y saludables de tomarlos. ¿Cómo? Pues a través del arroz, la quinoa o la pasta bien cocidas o de papillas caseras hechas con harina de avena, de trigo o de maíz, por ejemplo. Empezar a alimentarnos bien cuando somos bebés es también una forma de aprender que existen distintas texturas y que los sabores de los alimentos son muy diversos

Arroz

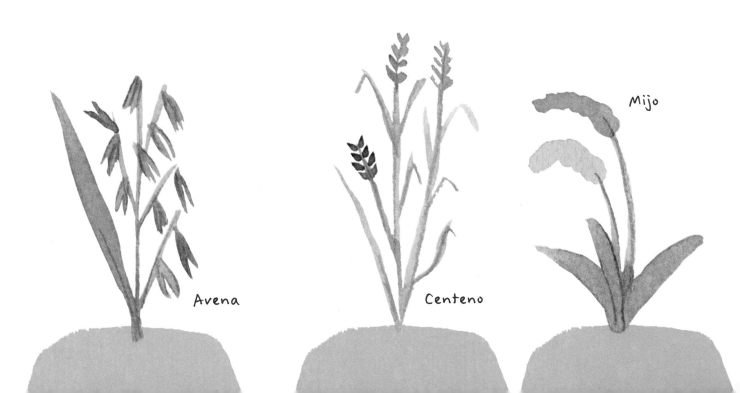

Avena

Centeno

Mijo

Formas de comer cereales integrales

- El pan es la forma más común de tomar cereales. En muchos lugares del mundo se toma en diferentes formatos acompañando las comidas principales. Es mejor que sea integral y que no lleve sal (¡está delicioso!).

- También usamos el pan para preparar bocadillos o tostas en cualquier momento del día.

- El arroz, la quinoa, el bulgur y el cuscús pueden comerse solos, cocinados con otros alimentos o añadidos a ensaladas.

- Los platos de pasta son alimentos que se pueden preparar de infinitas y gustosas formas.

- Podemos añadir cereales integrales a cremas, purés, salsas y guisos.

- Los copos de avena sirven para hacer gachas.

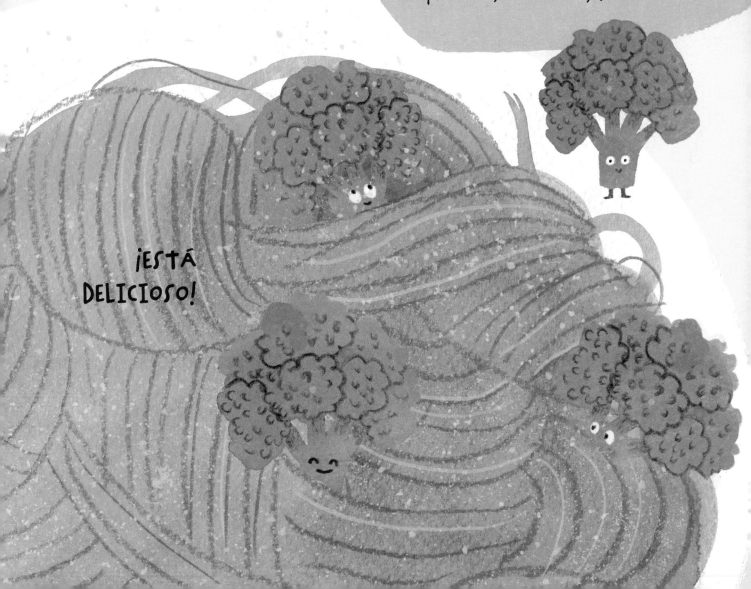

El brócoli es un compañero genial en los platos de pasta o arroz. Es una de las verduras con mayor aporte nutricional: contiene proteínas, fibra, carbohidratos, calcio y hierro. También un buen montón de vitaminas: B1, B2, B6, C, K y A. Pero, sobre todo, ¡está delicioso!

¡ESTÁ DELICIOSO!

COSAS QUE QUIZÁS NO SEPAS

√ Decimos que los cereales son integrales cuando el grano permanece entero, lo que permite que el máximo número de nutrientes permanezca intacto. Si lo modificamos, quitándole las capas externas, también perdemos algunos nutrientes. Hablamos entonces de granos refinados. ¿Sabrías distinguir en el supermercado un alimento elaborado con cereal integral de uno refinado?

√ Los cereales integrales son una parte importante de una dieta saludable, por eso se recomienda su consumo diario. ¡Y varias veces al día!

√ ¡Ojo! Los conocidos popularmente como «cereales de desayuno», y que es lo que muchas personas entienden por «cereales», no son recomendables. Casi todos suelen tener grandes cantidades de azúcar (que en ocasiones ronda el 30 % del producto).

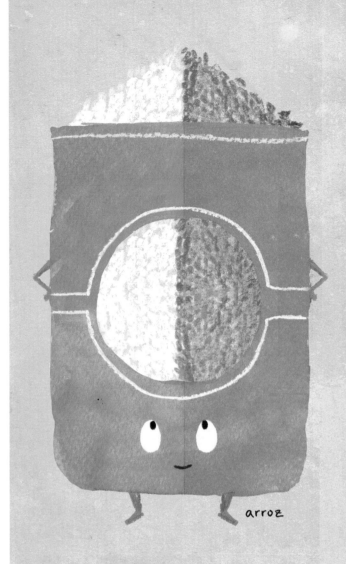

arroz

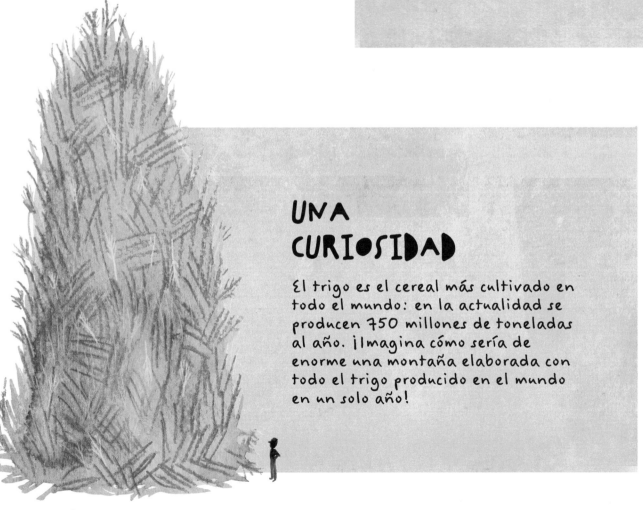

UNA CURIOSIDAD

El trigo es el cereal más cultivado en todo el mundo: en la actualidad se producen 750 millones de toneladas al año. ¡Imagina cómo sería de enorme una montaña elaborada con todo el trigo producido en el mundo en un solo año!

Otros alimentos

La dieta mediterránea es una de las propuestas nutricionales más conocidas por ser considerada como una de las opciones más saludables.

Hay otros alimentos que se consideran saludables, pero cuyo consumo, tanto en frecuencia como en cantidad, debe ser menor que los anteriores: pescado, carne, huevos y lácteos.

1. Pescado, carne y huevos

Aunque la alimentación deba basarse sobre todo en vegetales, también podemos incluir algunos alimentos de origen animal.

Los nutricionistas, que son esas personas que saben mucho de la alimentación de los humanos, recomiendan no comer más de tres o cuatro raciones a la semana de cada uno de estos alimentos.

El pescado, la carne y los huevos son los alimentos que aportan a nuestra dieta proteínas de origen animal.

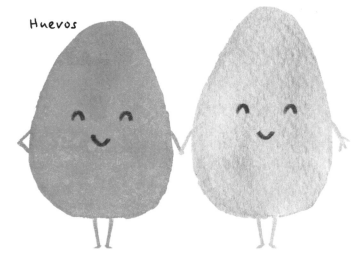

Huevos

MÁS VEGETALES, MENOS ANIMALES

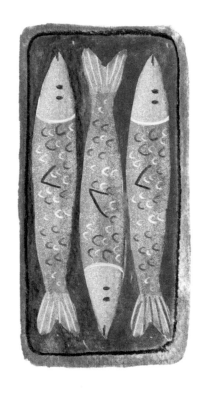

Sardinas

Formas de comer pescado, carne y huevos

- ⊙ La forma más habitual de tomarlos en nuestro entorno es a la plancha o cocinados junto a otros alimentos en guisos o al horno, pero también podemos consumirlos fritos o rebozados (no de *fast food*, sino caseros).

- ⊙ *Las conservas de pescado se mantienen durante mucho tiempo sin que lleguen a estropearse. Algunas son saludables y pueden utilizarse en bocadillos o ensaladas.*

- ⊙ *Algunos tipos de marisco, como la sepia, el pulpo o los mejillones, equivalen a una ración de pescado. Son muy ricos a la plancha o cocidos o al vapor.*

- ⊙ *Los huevos se pueden preparar fritos, a la plancha, cocidos, en tortilla, escalfados, al plato, en revuelto... Y comerlos solos o acompañados. Eso sí, cocínalos siempre bien (el huevo crudo contiene microorganismos peligrosos como la salmonela).*

COSAS QUE QUIZÁS NO SEPAS

√ En nuestra cultura, cuando hablamos de huevos, nos referimos a los huevos de gallina, pero los de codorniz también son muy utilizados en la cocina. Son tan pequeñitos que necesitarás unos cuantos para saciarte.

√ Es mejor evitar, o comer menos de una vez a la semana, peces que sean muy grandes, como atún rojo, pez espada, tiburón o lucio porque acumulan un metal llamado mercurio. El mercurio es un compuesto químico que la industria vierte al mar, contaminando el hábitat de los peces y, por tanto, también a los peces.

√ La carne más saludable es la carne «blanca», que es la que proviene de algunas aves (pollo, pavo, pato, gallina) y del conejo. La carne «roja» es la procedente de animales como la vaca, el cerdo, el caballo, el cordero, el toro... Los expertos en nutrición humana recomiendan que, por su composición, no se coma más de dos veces a la semana este tipo de carne (y en raciones moderadas), o que incluso se plantee como algo que se coma de manera muy ocasional.

√ Ningún alimento es imprescindible para vivir. Las personas vegetarianas, por ejemplo, no comen carne ni pescado. Algunas tampoco huevos, leche o queso. Y las veganas no toman nada que provenga de los animales (miel, huevos, leche, mantequilla...). Tampoco utilizan objetos o prendas que hayan sido fabricados con animales (botas de piel, cazadoras de cuero...). Sus dietas, si están bien planificadas y suplementadas con vitamina B 12, pueden ser igualmente saludables.

UNA CURIOSIDAD

¿Por qué los huevos no están refrigerados cuando los compramos pero en casa los guardamos en la nevera? El huevo es un alimento delicado que no soporta los grandes cambios de temperatura, especialmente del frío al calor, ya que con ello se puede producir un daño en la cáscara que favorezca la entrada de microbios al interior.

2. Lácteos

Con lácteos nos referimos a la leche y a todos aquellos alimentos que se elaboran con ella. No son imprescindibles, ni debemos pensar que forman la base de una alimentación saludable, pero, si nos gustan, podemos incluirlos a diario en nuestra dieta de un montón de maneras.

¿Sabrías qué lácteos son saludables?

Aunque en las tiendas se disfrazan muy bien, lo cierto es que los principales lácteos saludables no necesitan etiquetas coloridas ni reclamos de ningún tipo. Su carné de alimento saludable no caduca.

Leche

Yogur natural sin azúcar

NO TIENEN carné de alimento saludable

- ♋ Yogures líquidos de sabores
- ♋ Yogures de sabores o con fruta
- ♋ Leches con cacao
- ♋ Batidos
- ♋ Bebidas lácteas con zumo
- ♋ Natillas
- ♋ Postres lácteos azucarados
- ♋ Mezclas de quesos de baja calidad

YOGUFRUTA

CACAO

Formas de comer lácteos

Pues podemos tomar los lácteos tal cual, en su forma, o añadirlos a otras preparaciones:

- Un bol de yogur con frutas cortadas.
- Queso cortado en una ensalada, en un plato de pasta o en un bocadillo.
- Un bol con kéfir, avena en copos y nueces.
- Leche con canela y una cáscara de limón.

Queso

Kéfir

UNA CURIOSIDAD

La Organización para la Alimentación de la ONU informa que annualmente se producen aproximadamente dieciocho millones de toneladas de queso en el mundo.

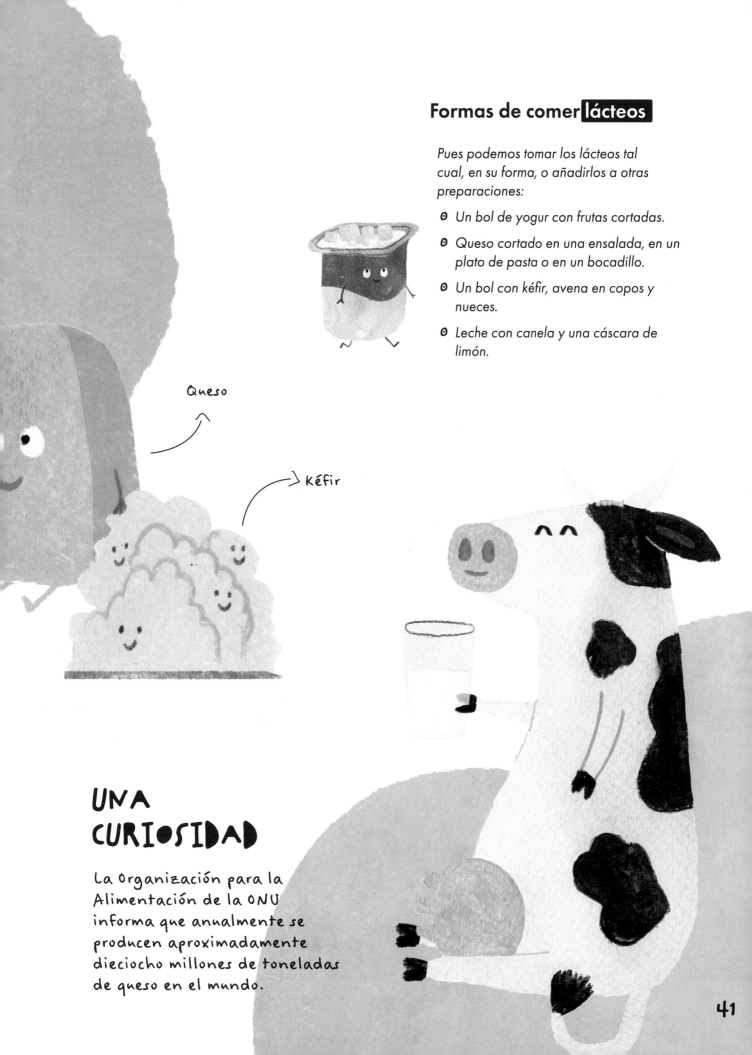

41

3. Aceite de oliva virgen

Es un tipo de grasa saludable que proviene del fruto de un árbol: **el olivo.**

Puede utilizarse en crudo para aliñar las comidas, pero también para cocinarlas.

Aunque en muchos países es habitual utilizar otro tipo de aceites o grasas, como la mantequilla, lo cierto es que el aceite de oliva es el único que tiene un carné de alimento saludable.

Rama de olivo

Olivas

¿SABÍAS QUÉ... Para obtener 1 litro de aceite de oliva se necesitan alrededor de 5 kilos de aceitunas.

CÓMO SE OBTIENE EL ACEITE DE OLIVA

Recolección de las aceitunas

Para hacer caer las aceitunas del olivo se usan varas de madera o una maquinaria especial.

El fruto debe caer en mantones para que no toque el suelo, y después es seleccionado y transportado a la almazara.

Proceso de fabricación

En la almazara, las aceitunas se limpian, trituran y prensan o centrifugan para obtener su zumo.

De ese zumo se separa el aceite de las impurezas en un proceso conocido como decantación.

Envasado

El aceite obtenido pasa un control de calidad y se envasa en recipientes de plástico, hojalata o cristal.

4. Especias y hierbas aromáticas

Los platos se llenan de color y de aromas exquisitos. En cada país se utilizan más unas especias que otras, y eso le da una personalidad propia y un aroma único a sus platos.

Canela

Anís estrellado

Pimentón

Pimienta negra

Nuez moscada

Jengibre

Laurel

Cardamomo

Eneldo

ESTAS SON ALGUNAS DE LAS MÁS UTILIZADAS

India – huele a cúrcuma y a cardamomo

China – huele a jengibre y a anís estrellado

Francia – huele a pimienta negra

Noruega – huele a eneldo

Marruecos – huele a comino

España – huele a pimentón y a perejil

¿TE ANIMAS A CULTIVAR EN CASA PLANTAS QUE PUEDAS USAR PARA COCINAR?

Necesitarás una maceta pequeña, algo de tierra y un esqueje de la planta que quieres cultivar.

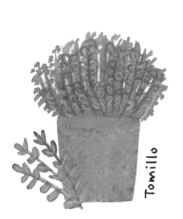

Tomillo

Se siembra o se planta a finales de invierno. Luz del sol. Poca agua

Orégano

Se siembra o se planta a finales de invierno. Luz del sol. Riego frecuente, pero poca cantidad de agua.

Albahaca

Se siembra o se planta en primavera. Luz del sol. Riego frecuente, pero vigilando que la maceta no se encharque.

Romero

Se siembra o se planta en otoño o primavera. Luz del sol. Riego frecuente, pero vigilando que la maceta no se encharque.

Hierbabuena

Se siembra o se planta a finales de invierno. Luz del sol. Riego frecuente, pero vigilando que la maceta no se encharque.

Perejil

Se siembra o se planta en invierno o verano. Luz del sol (puede estar en sombra pero con luz). Riego frecuente, pero poca cantidad de agua.

PLANTA EN CASA UN HUERTO DE HIERBAS AROMÁTICAS

En muchos platos podemos agregar hierbas aromáticas que añaden sabor y aroma a nuestro menú. Podemos comprarlas, pero también es posible tener un huerto de aromáticas en casa. Aquí te proponemos algunas plantas que son fáciles de cuidar y que pueden dar mucho juego en la cocina (y hasta será más económico que comprarlas).

Carnes procesadas

Las **carnes procesadas** son aquellas que han sido transformadas por el ser humano. Normalmente se transforman a través de procesos de ahumado, fermentación, salazón o curado.

¿Cuáles son carnes procesadas?

Beicon

salchichas

COSAS QUE QUIZÁS NO SEPAS

√ Ocurre que, si las carnes procesadas se comen habitualmente, o si se toman en grandes cantidades, pueden provocar con el tiempo enfermedades gravísimas como el cáncer.

√ ¿Y si no nos gustan? Pues es fácil: no las comemos nunca jamás. Recuerda que ningún alimento es imprescindible para vivir, pero en este caso no solo no son imprescindibles, sino que son alimentos de consumo ocasional.

POR QUÉ NO TIENEN CARNÉ DE ALIMENTO SALUDABLE

Las **carnes procesadas,** por su composición tras la transformación, no tienen carné de alimento saludable. La mayoría tienen mucha sal, otros ingredientes poco saludables o han perdido un montón de nutrientes interesantes por el camino. Por eso se recomienda que, si nos gustan, las comamos muuuuuuy de vez en cuando. Pero de vez en cuando de verdad, no varias veces a la semana.

Hamburguesas industriales

Morcilla

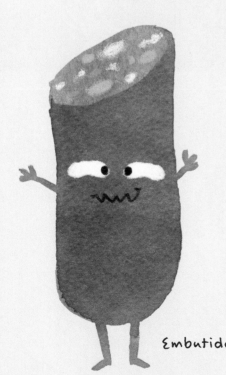

Embutidos

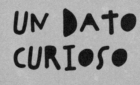

UN DATO CURIOSO

La salchicha es una carne procesada muy antigua. Se cree que empezó a fabricarse hace más de 3000 años, cuando los babilonios rellenaban los intestinos de animales con carnes especiadas.

47

Sal y azúcar:
menos es más

Desde hace muchos muchos años, la sal se utiliza en la cocina para sazonar o conservar alimentos. El azúcar, principalmente, para endulzar, pero también cumple otras funciones culinarias, como aportar consistencia, reducir la acidez de algunas salsas o resaltar los sabores.

Los nutrientes que pueden aportarnos (sodio, cloro, hidratos de carbono) los podemos obtener de alimentos en los que están presentes de forma natural.

DÓNDE SE ESCONDEN

La mayoría del azúcar y la sal que consumimos a diario no la añadimos manualmente nosotros, sino que viene añadida en los alimentos ultraprocesados, esos que no tienen carné de alimento saludable:

- Ω Embutidos
- Ω Panes
- Ω Platos precocinados
- Ω Salsas
- Ω Bollería industrial
- Ω Cacaos solubles

- Ω Bebidas azucaradas
- Ω «Cereales de desayuno»
- Ω Postres lácteos azucarados
- Ω Helados
- Ω Mermeladas
- Ω Encurtidos

Consumir en exceso estas sustancias no es saludable y puede aumentar el riesgo de algunas enfermedades evitables como la diabetes, la hipertensión o la obesidad.

Hay muchos tipos de sal, pero su composición es la misma. Es decir, no hay ninguna que tenga propiedades especiales, excepto la sal yodada, que lleva yodo, un mineral esencial y que suele faltar en la población, por lo que la recomiendan las instituciones sanitarias.

RECUERDA:

La Organización Mundial de la Salud recomienda NO consumir más de cinco gramos de sal al día, lo que es más o menos la cantidad de una cucharadita de café.

Y sobre el azúcar, lo mismo: cuanto menos, mejor. En el caso de los niños, NUNCA más de diez gramos diarios. Y en el caso de los adultos, NUNCA más de veinticinco gramos al día. El azúcar es uno de los grandes responsables de las caries.

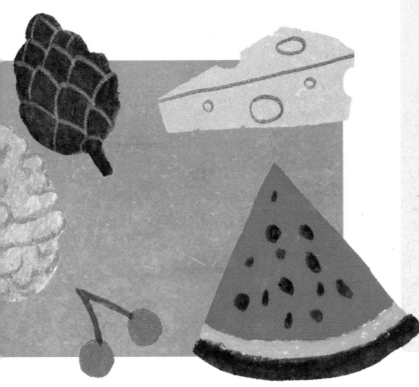

¿SABÍAS QUÉ...

Nuestro cerebro no necesita azúcar para funcionar.

El cerebro necesita hidratos de carbono, y para conseguirlos, no necesita el azúcar añadido artificialmente, sino alimentos con carné de alimento saludable que los aporten.

¿Qué alimentos son estos?

Pues, sobre todo, frutas, hortalizas, cereales integrales como el pan, el arroz o la pasta, legumbres y algunos lácteos como la leche o el queso.

49

En el caso del azúcar, a veces este puede disfrazarse en las etiquetas de los productos con nombres como glucosa, fructosa, sacarosa, jarabe de maíz, caña de azúcar, miel, melaza, dextrosa o maltosa, pero sigue siendo azúcar. La miel también, sí, aunque popularmente se considera la miel como un endulzante «natural», lo cierto es que los azúcares de la miel no son muy diferentes de los que tenemos en el azucarero de casa.

Los alimentos que más azúcar contienen son las bebidas azucaradas, los yogures azucarados y los postres lácteos; la pastelería, la bollería y las galletas; los zumos y los néctares de frutas, así como los chocolates. Y los que llevan más sal son el pan (por eso es mejor que sea sin sal), los embutidos y los fiambres, los quesos y los productos precocinados.

Se considera que un producto tiene mucha sal si contiene 1,25 gramos de sal (o más) por cada 100 gramos en alimentos sólidos. En los líquidos, la cifra es de 0,75.

Ideas para tomar menos azúcar y menos sal

- *El yogur natural no necesita azúcar para ser apetecible, pero, si su acidez no nos agrada, podemos añadirle canela molida, esencia de vainilla, fresas trituradas o frutos secos molidos para aportarle dulzor.*

- *Si la leche nos gusta con cacao, podemos añadirle cacao puro y un poquito de canela, y prescindir así de elaboraciones industriales con grandes cantidades de azúcar.*

- *Evitar los alimentos procesados y ultraprocesados también nos asegura un menor consumo de ambas sustancias.*

- *Para tomar menos sal, se puede sustituir una parte por especias cuando cocinamos. Un poquito de comino, por ejemplo, y un chorrito de aceite de oliva virgen son una delicia para aliñar. El curri, la cúrcuma o la pimienta son una bomba de sabor.*

COSAS QUE QUIZÁS NO SEPAS

√ Las bebidas azucaradas, como refrescos, batidos, zumos o yogures batidos, no son productos de consumo diario.

√ Si tomamos chocolate, mejor el que está elaborado a partir del 85 % de cacao.

√ Las salsas, mejor hacerlas en casa. El pesto, por ejemplo, es muy fácil de hacer: en un mortero, machacamos albahaca fresca, medio diente de ajo y un puñado de piñones. Incorporamos aceite de oliva virgen y a disfrutar.

√ Los frutos secos son alimentos muy ricos en sabor y en nutrientes, pero es mejor tomarlos siempre sin sal. Podemos comerlos crudos, o especiarlos y tostarlos en casa.

√ Las especias son la verdadera sal de la vida: aportan sabor, olor y color. A más especias, menos sal echamos de menos.

UNA CURIOSIDAD

Cada año se producen en el mundo millones de toneladas de azúcar. Entre los más de 130 países que en la actualidad producen caña de azúcar o remolacha azucarera, que es con lo que se obtiene el azúcar, India y Brasil son los mayores productores.

y para beber...
¡Agua!

TODOS LOS SERES VIVOS NECESITAMOS AGUA PARA PODER VIVIR.

Sí, seguro que ya sabes que es la mejor bebida cuando comemos o cuando tenemos sed. ¡Tan fresquita! Inigualable, maravillosa, única. Pero es que, además, también hay agua en la composición de los alimentos. ¡En todos! En los vegetales y en los animales. Hasta nosotros mismos somos en gran parte agua.

70%

¿Para qué le sirve el agua a nuestro cuerpo?

o *El agua es la encargada de regular nuestra temperatura corporal. Cuando tenemos calor, sudamos, y con ese sudor bajamos la temperatura y le decimos adiós a una parte de agua que tendremos que reponer.*

o *También elimina las sustancias de desecho de nuestras células, transporta el oxígeno y los nutrientes y ayuda a órganos, articulaciones y músculos a funcionar.*

LO QUE NO ES AGUA (AUNQUE TENGA AGUA)

√ Las bebidas azucaradas

√ Los zumos

√ El agua de coco

√ Las bebidas deportivas

√ Las bebidas (mal llamadas) «energéticas»

¿UNA IDEA?

Puedes probar a aromatizar el agua en casa con algunas frutas o plantas añadidas, como el rooibos, la menta o la hierbabuena, y guardarla en la nevera. Le dará un toquecito de sabor y olor sin arrebatarle su carné de sustancia saludable. También puedes añadirle hielo picado.

¡Ah! Y bebe cuando tengas sed. No hay una cantidad diaria que debas tomar. Los expertos en nutrición creen que tu cuerpo ya es suficientemente sabio como para saber cuándo necesita agua. Él te lo pedirá.

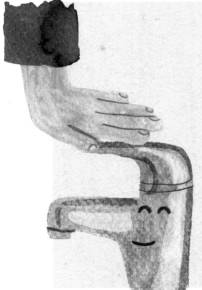

¿SABÍAS QUÉ...

El agua es un recurso muy valioso que debemos cuidar y no malgastar. Millones de personas en el mundo deben caminar durante kilómetros cada día para conseguir agua. Y en muchos lugares apenas hay agua potable.

Desayunos y meriendas

La leche con cacao azucarado, las galletas, los cereales y los bocadillos de embutido son los protagonistas de los desayunos y las meriendas de muchos niños. Aunque son muy populares, hay alternativas deliciosas y realmente saludables.

Para encontrarlas necesitamos una pizca de imaginación y tener presentes los requisitos que deben cumplir los desayunos y las meriendas para que podamos otorgarles su carné saludable.

PASOS PARA QUE EL DESAYUNO Y LA MERIENDA TENGAN SU CARNÉ DE SALUDABLE

- Elegir alimentos que tengan previamente el carné de alimentos saludables. Las frutas, las hortalizas, los cereales integrales y las legumbres son una opción estupenda. Sí, también en los desayunos y las meriendas.

- Evitar productos sin carné de saludable: los ultra-procesados y aquellos con mucha azúcar o sal (aunque sean caseros).

- No utilizar endulzantes (azúcar, panela, miel, sirope de agave). Mejor darle vidilla a lo que comemos con fruta o con especias como la canela.

- Si se incluyen frutos secos, que sean sin sal, y mejor sin freír. ¡Ah! Y recuerda: no se deben tomar enteros antes de los tres años.

- Tener claro que ningún alimento es imprescindible. Tampoco en el desayuno o la merienda.

- La fruta es preferible tomarla entera o a trocitos, y no en zumos o purés.

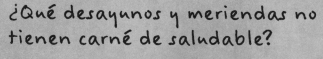

¿Qué desayunos y meriendas no tienen carné de saludable?

¿Qué sueles desayunar cada mañana? ¿Cómo son tus meriendas?

Desayunos hiperdeliciosos

Vivimos en un mundo rápido. ¡Rapidísimo! Vamos corriendo a todos lados como si fuéramos el conejo de *Alicia en el País de las Maravillas* preocupados por llegar tarde.

CUANDO DE PRONTO SALTÓ CERCA DE ELLA UN CONEJO BLANCO DE OJOS ROSADOS. ¡NO HABÍA NADA MUY EXTRAORDINARIO EN ESTO, NI TAMPOCO LE PARECIÓ A ALICIA MUY EXTRAÑO OÍR QUE EL CONEJO SE DECÍA A SÍ MISMO: «¡DIOS MÍO! ¡DIOS MÍO! ¡VOY A LLEGAR TARDE!».

Alicia en el País de las Maravillas,
Lewis Carroll

A veces hay que parar. Y organizarse de otra manera para ganar cosas tan maravillosas como un desayuno rico. Eso sí, si te apetece, porque, aunque durante años se insistió mucho en el papel del desayuno, lo cierto es que no es imprescindible.

A menudo también nos faltan ideas y acabamos eligiendo lo que ya conocemos o lo que pensamos que es más fácil de preparar. O lo que la publicidad nos ha dicho que es bueno para nosotros. El desayuno también tiene una parte cultural y otra emocional.

Puede que nos encante lo que desayunamos y no tengamos miedo a perdernos nada mejor, pero... ¿puede ser mejor? ¿Tiene su carné de saludable?

UNA CURIOSIDAD

Desayunar significa 'romper el ayuno'. Es decir, es la primera comida que se hace tras el descanso de la noche, y eso puede ser nada más levantarnos o un poco después. Hay personas que no tienen apetito nada más despertarse y otras amanecen con un hambre canina.

55

IDEAS DE
DESAYUNOS
HIPERDELICIOSOS

GACHAS DE AVENA CON FRUTAS Y FRUTOS SECOS

‰ Ponemos en un cazo un vaso de **bebida vegetal**, de **leche** o de **agua.** Añadimos cuatro cucharadas soperas de **avena integral** en copos. Dejamos que cueza un ratito, hasta que se haya quedado una mezcla menos líquida.

‰ Lo introducimos en un bol y dejamos que se enfríe un poco. Después, le añadimos **fruta fresca** cortada y los **frutos secos** que más nos gusten. Por ejemplo, pera y nueces machacadas; manzana, plátano y avellanas molidas; fresas, anacardos picados y sésamo tostado.

¡Ñam!

TOSTA DE PAN INTEGRAL CON AGUACATE, SÉSAMO Y ALMENDRAS PICADAS

‰ Para hacer una tosta necesitamos un **pan integral** rico. Lo tostamos ligeramente para que esté un poco más crujiente y calentito y añadimos un **aguacate** que habremos pelado y machacado previamente con un tenedor. Decoramos con una pizca de **sésamo** y un puñado de **almendras tostadas** picadas por encima. Un chorrito de **aceite de oliva virgen** y...

¡Ñam!

BOL DE FRUTA FRESQUITA CON YOGUR NATURAL

‰ Un desayuno rápido y delicioso: introducimos en un bol la **fruta** que más nos guste cortada en taquitos y le agregamos un **yogur natural sin azúcar.** Por ejemplo, fresas, plátanos y frambuesas. Decoramos con un poco de **canela molida** por encima y disfrutamos de un platillo delicioso la mar de fácil de hacer.

¡Ñam!

PLATO MULTICOLOR DE PEPINO, TOMATE Y QUESO

‰ Lavamos y cortamos en rodajas finas un **pepino** y desechamos los bordes. Del mismo modo, cortamos un **tomate** y unas rodajitas de **queso fresco.** Lo ponemos todo en un plato y le añadimos un poquito de **sal, aceite de oliva virgen** y las especias o hierbas aromáticas que más nos gusten: **perejil, orégano, comino…**

¡Ñam!

HUEVOS REVUELTOS AL ESTILO DE MI MADRE

‰ Ponemos en una sartén un chorrito de aceite de oliva y cuando se caliente añadimos dos **huevos de gallina feliz** y una pizquita de **sal yodada.** Removemos todo el tiempo hasta conseguir que se cuaje el huevo. Los sacamos a un plato y le ponemos por encima unas **almendras picadas,** un poquito de **pimentón dulce** y de **perejil fresco.** Acompañamos de pan integral.

¡Ñam!

Más allá de la leche con cacao azucarado

En nuestra cultura es muy habitual tomar un vaso de leche con cacao azucarado soluble. Nos hemos acostumbrado a su sabor y presencia, pero ni es imprescindible ni es la única opción. Tampoco tiene carné de alimento saludable.

ALGUNAS ALTERNATIVAS DE ALIMENTOS CON CARNÉ DE ALIMENTO SALUDABLE:

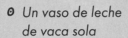

- Un vaso de leche de vaca sola
- Una infusión
- Un batido casero de yogur y fresas
- Un vaso de leche con canela y cacao puro

¡A merendar!

La merienda es aquello que ingerimos entre la comida del mediodía y la cena. A veces tenemos más apetito, otras menos, pero seguro que habitualmente tomamos algo entre las comidas principales.

Aunque hay un montón de posibilidades de utilizar alimentos con carné de saludable, no siempre es fácil distinguirlos en la maraña inmensa de productos que tenemos disponibles en la actualidad. Todos tan bien presentados y tan llamativos que incluso a los adultos nos cuesta distinguirlos de las opciones realmente más saludables.

UNA CURIOSIDAD

En China pueden llegar a tomar dos meriendas: una después de la comida del mediodía, y otra después de la cena. Lo hacen sobre todo en verano, una época en la que suelen acostarse más tarde y pasan más tiempo en la calle.

IDEAS DE
MERIENDAS HIPERDELICIOSAS

HUMMUS DE JUDÍAS BLANCAS CON ZANAHORIA Y APIO

‰ Ponemos en un bol grande un vaso de **alubias blancas cocidas** y añadimos un chorrito de **aceite de oliva virgen**, el **zumo de medio limón**, una pizca de **sal yodada**, una cucharadita de **comino** en polvo y otra de **pimentón dulce**. Incorporamos una tercera parte del vaso con **agua** y lo mezclamos todo muy bien. Lo trituramos con la batidora hasta que quede una pasta suave, ni muy seca ni muy líquida. Podemos añadir algo más de agua si aún está muy espeso. Cuando esté listo, lo introducimos en un bol o en un táper si vamos a salir.

‰ Cortamos unos palitos de **zanahoria** y **apio** para tomar con ellos el hummus y listo.

¡Ñam!

BOCADILLO DE CREMA DE CACAHUETE Y PLÁTANO

‰ Cortamos un trozo de **pan integral** y lo abrimos por la mitad. Untamos **crema de cacahuete** (basta con triturar cacahuetes tostados sin sal con una batidora hasta conseguir una masa manejable). Disponemos por encima un **plátano** en rodajas, ni muy gruesas ni muy finas, y cerramos el pan.

¡Ñam!

VASITO DE YOGUR CON AVENA Y MANZANA

‰ Pelamos y cortamos en rodajas una **manzana** y la ponemos en un plato. Sobre ella, añadimos un poco de **canela en polvo** y unas **nueces picadas**. Lo metemos en el microondas dos minutos a máxima potencia y cuando esté lista la dejamos enfriar.

‰ En un bol (o en un bote de cristal reutilizable si vamos a salir) ponemos una cucharada sopera de **avena** en copos, añadimos la manzana y un **yogur natural sin azúcar**. Y ya podemos disfrutar mezclando los ingredientes a nuestro gusto.

¡Ñam!

MULTIFRUTI MULTICOLOR

‰ Pelamos y cortamos las **frutas** que más nos gusten o nos apetezcan en un bol. Las posibilidades son infinitas, por lo que una buena idea puede ser la de permanecer atentos a las temporadas de cada fruta. Por ejemplo: naranja, mandarina y kiwi; manzana, pera y uva; fresa, mora y frambuesa. Se mantienen muy bien en un bote de cristal o en un táper durante unas cuantas horas, así que podemos transportarlas sin problema.

¡Ñam!

BARRITAS DE AVENA CON MANZANA Y FRUTOS SECOS

‰ Echamos la cantidad de un vaso de **avena en copos** en un plato hondo grande o en un bol e incorporamos la misma cantidad de **leche o de la bebida vegetal** que más nos guste. La avena debe quedar mojada, pero sin exceso de líquido.

‰ A continuación, pinchamos una **manzana** tipo Golden o reineta, le quitamos el corazón y la introducimos en el microondas unos cuatro minutos. Cuando esté lista, retiramos la piel y mezclamos la «compota» con la avena húmeda.

‰ Añadimos a la mezcla **canela en polvo** a nuestro gusto y un puñadito de **frutos secos** tostados sin sal bien picados. Mezclamos requetebién hasta que quede todo integrado y lo extendemos en un molde apto para microondas formando una capa de un dedo de grosor, más o menos. Lo metemos en el microondas cuatro minutos a máxima potencia.

‰ A continuación, lo sacamos, lo dejamos enfriar y, con una lengua o espátula, lo sacamos despacito. Lo cortamos en trozos a nuestro gusto, y ya tenemos nuestras barritas de avena.

¡Ñam!

MONTADITO DE QUESO FRESCO Y PEPINO

‰ Cortamos un poquito de **pan integral.** Lo abrimos por la mitad y añadimos unos trocitos de **queso fresco de cabra** y unas rodajas de **pepino.** Lo aliñamos con un poco de aceite de oliva virgen y unas almendras picadas. Cerramos. Así de fácil y delicioso.

¡Ñam!

Desenmascara los ultraprocesados

La alimentación nos acompaña desde que nacemos a lo largo de toda nuestra vida. Y eso, por suerte, supondrá un montón de años de convivencia.

Merece la pena mimarla y cuidarla porque, si la ayudamos a ser apeteciblemente saludable, ella también nos cuidará de vuelta.

¡ATENCIÓN!

No siempre será fácil. A menudo tropezaremos con obstáculos visibles, pero también con obstáculos invisibles, ocultos como por arte de magia.
¿Qué podemos hacer? Una idea: aprender a saltarlos ejercitando nuestro **superdetector.**
Todos tenemos uno, aunque no siempre sabemos cómo utilizarlo.

LA ETIQUETA

En el supermercado hay un montón de alimentos que no tienen carné de saludable, pero se disfrazan muy bien y así consiguen camuflarse entre los que sí lo tienen. Ir a hacer la compra en amor y compañía nos puede servir para aprender a leer las etiquetas y así desenmascararlos de un solo vistazo.

Muhahahahahaha.

Qué nos dice la etiqueta:

√ Cuáles son los ingredientes   √ Cantidad de azúcar y de sal

√ Qué grasas contiene   √ Cuánta energía nos aporta

¿Cuándo tiene un producto mucho azúcar?

Tiene una gran cantidad cuando contiene más de 10 gramos de azúcar añadido por cada 100 gramos de producto. En líquidos, cualquier cantidad de azúcar añadido es sospechosa de producirnos caries y aumentar las posibilidades de obesidad o sobrepeso.

¿SABÍAS QUÉ...

Los yogures de sabores que encuentras en el supermercado tienen alrededor de cuatro terrones de azúcar por cada 125 gramos.

¡Recuerda! El azúcar puede aparecer con otros muchos nombres como glucosa, dextrosa, sacarosa, sirope de agave, maltosa...

¿Cuándo tiene mucha sal?

Más de 1 gramo de sal por cada 100 gramos de producto es demasiada sal. ¿Cuánta sal puedes consumir a lo largo del día sumando cada alimento que tomas?

¿Una idea para consumir menos?

Elegir los productos sin sal o los que la contienen en cantidades muy pequeñitas.

ALIMENTOS CON ETIQUETA QUE TIENEN CARNÉ DE ALIMENTO SALUDABLE:

SOJA TEXTURIZADA

CREMA DE CACAHUETE

LECHE ENTERA

UNA REGLA BÁSICA

Los alimentos sin etiquetas o con un solo ingrediente en ellas tienen casi siempre su carné de alimento saludable.

COPOS AVENA

NATURAL

¿Qué tipo de grasas son recomendables?

El aceite de oliva es la más saludable de las grasas, seguido del aceite de girasol. Por eso, los nutricionistas recomiendan consumir productos con esas grasas frente a las que aportan los aceites de palma, las mantequillas, las grasas animales y las grasas trans o hidrogenadas.

TOFU

ACEITE DE OLIVA

QUESO RALLADO

MAÍZ

TOMATE

ESPÁRRAGOS

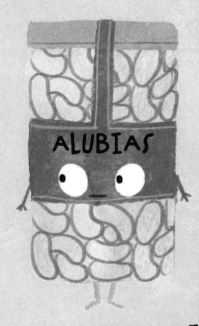

ALUBIAS

Paso 2

QUÉ TIENE DEL ALIMENTO ORIGINAL

En la lista de ingredientes, el primero que aparece es el que se encuentra en mayor cantidad en el producto. Si detrás de este aparecen un montón de ingredientes, es probable que quede poco del alimento original.

Los caldos, algunas conservas y productos congelados pueden tener muchos ingredientes y seguir teniendo su carné de alimento saludable. Un brik con caldo de verduras en el que todos sus ingredientes sean alimentos de origen vegetal, o vegetal y animal, que no tenga sal o la lleve en dosis pequeñitas y esté aderezado con especias y aceite de oliva virgen tiene muchas posibilidades de mantener su carné de alimento saludable.

Paso 3

LA PUBLICIDAD NO SIEMPRE DICE LA VERDAD

La publicidad es una forma de comunicar la existencia de un producto y así vender más y más y más. Puede ser un anuncio en la tele o en la radio, pero también un cartel en la parada del autobús, en un poste de la carretera o en un lugar en el que se practique deporte, como un estadio de fútbol o una pista de tenis. También encontramos un montón de mensajes publicitarios en Internet y hasta en celebraciones importantes.

CHOCO RICOS

INGREDIENTES

¿SABÍAS QUÉ...

La publicidad no es algo moderno. Se han encontrado restos de mensajes de civilizaciones tan antiguas como la de los faraones de Egipto que podrían querer dar a conocer algo concreto.

La publicidad de los alimentos tal y como la vemos hoy sí es algo muy reciente. Hasta hace no tanto, era imposible imaginar que se llegaría a la enorme disponibilidad de alimentos que existe en los países desarrollados.

¿Todo lo que vemos en la publicidad es necesario?

¿Es cierto todo lo que dice un anuncio publicitario?

¿Para qué se hace la publicidad de alimentos?

La publicidad también enmascara los productos que no tienen carné de alimento saludable. Y lo hace tan bien que nos acabamos haciendo un lío enorme, tanto que no hay forma de hacer funcionar nuestro detector de obstáculos imposibles.

Algunas pistas para hacerlo funcionar:

√ Si la publicidad nos habla de cosas demasiado buenas, increíbles, fantásticas, mágicas..., desconfía y mira la etiqueta.

√ Si destaca nutrientes que se pueden encontrar en alimentos de forma natural, desconfía y mira la etiqueta.

√ Si la foto del producto anunciado es absolutamente increíble, los colores del empaquetado infinitos o nos regalan algo por comprarlo, desconfía y mira la etiqueta.

¿Alergia a la comida?

Existen un montón de tipos de alergias. Hay quienes tienen alergia a los gatos. O a los perros. Hay quienes tienen alergia a algunos pólenes, o al frío, o al calor, o hasta al sudor de su propio cuerpo. Hay quienes incluso tienen alergia al moho. Y hay quienes tienen alergia a algunos alimentos. O a muchos.

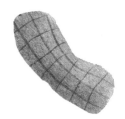

Una alergia es una reacción de nuestro cuerpo hacia algo externo que rechaza; por eso las personas que tienen una alergia deben evitar lo que les provoca la reacción.

Hay alergias que no tienen mucha importancia. Son aquellas que originan reacciones muy leves. Pero también hay alergias muy muy muy graves que tienen que ser controladas porque las reacciones pueden ser peligrosas.

¿Tienes alergia a algo?
¿Conoces a alguien que tenga alguna alergia?

¿SABÍAS QUÉ...

Las alergias pueden aparecer en cualquier momento y en cualquier lugar. ¡Zas! Bebés, niños, adultos y mayores, todos pueden tener una alergia. Algunas, tal como vienen, se van, por eso muchas personas acaban superando una alergia alimentaria con el tiempo. Otras se siguen teniendo de por vida, y su gravedad puede variar un montón en distintos momentos.

Algunas cosas interesantes

√ Las alergias al pescado, al marisco, a los frutos secos, a la leche, al trigo, a la soja o a los huevos son las más habituales, pero no las únicas. Se puede tener alergia a la manzana, a la pera, al apio, a las fresas...

√ Cuando una persona tiene alergia a algún alimento, es aún más importante que haya aprendido a leer las etiquetas de los productos que se encuentran en el supermercado para evitar los que pueden provocar en su cuerpo reacciones importantes. ¡Ah! ¡Y las cartas de los restaurantes! Es imprescindible saber qué contienen los platos que se toman fuera de casa.

√ Las personas con alergias alimentarias deben conocer cuáles son las reacciones que pueden sufrir para, así, poder identificar los síntomas en el caso de ingestión accidental y pedir ayuda.

UN APUNTE

No siempre es necesario comer el alimento que provoca la alergia para que se desencadene una reacción, sino que las reacciones pueden llegar de muchas formas:

○ *Por tocar el alimento o la superficie que haya estado en contacto con él.*

○ *Tras ser tocado por una persona que haya estado en contacto con el alimento.*

○ *Tras la inhalación de partículas en el aire que pueda desprender el alimento.*

Cuidemos el planeta

La alimentación de los humanos deteriora nuestro planeta. No es en sí misma la alimentación, sino todo lo que gira en torno a ella: la producción de los alimentos, su envasado, el transporte...

¿Te has preguntado alguna vez de dónde viene lo que encuentras en el mercado?

¿Y qué recursos se han empleado para que llegue hasta allí?

¿Qué podemos hacer nosotros para cuidar del planeta?

Decía Eduardo Galeano, que era un escritor uruguayo muy sabio, que «mucha gente pequeña en lugares pequeños haciendo cosas pequeñas pueden cambiar el mundo».

Nuestros pequeños actos, unidos a las pequeñas decisiones de otros muchos como nosotros, contribuyen a hacer de nuestro mundo un lugar más sostenible y amigable para quienes lo habitamos hoy y quienes lo habitarán en el futuro.

CUANTO MÁS CERCA, MENOS TRANSPORTE. MENOS CONTAMINACIÓN.

CERCA DE CASA

¿Por qué encontramos alimentos fuera de su temporada en los mercados, tiendas y supermercados? Puede ser que se hayan cultivado cerca de donde vivimos en invernaderos adaptados, pero también que sean alimentos viajeros. Es decir, frutas y hortalizas que han viajado desde otros países donde sí es la temporada de su cultivo y recolección. Incluso a veces encontramos algunos alimentos que ni siquiera se producen en el país en el que vivimos porque su cultivo no es compatible con el clima o la tierra.

En todos los casos, la contaminación que produce el transporte desde largas distancias de esos alimentos puede evitarse consumiendo solo alimentos que hayan sido cultivados cerca de nosotros. O, al menos, lo más próximos posible.

CADA ALIMENTO EN SU TEMPORADA

Entre las pequeñas decisiones que podemos tomar para cuidar nuestro planeta está la de elegir frutas y hortalizas de temporada. Son aquellas que encontramos en la frutería o, en su defecto, en el mercado o en el supermercado, en el momento del año al que pertenece su cosecha. Eso significa que son recogidas en el momento justo de su maduración, lo que garantiza la sostenibilidad de los cultivos y un menor precio de compra.

No tires la comida

EL 30% → de los alimentos que se producen en todo el mundo nunca llegan a consumirse. → **SE VAN DIRECTOS AL CUBO DE LA BASURA.**

Si abres ahora mismo el cubo de la basura de casa, ¿qué puedes encontrar? ¿Hay algo que podría no haberse tirado?

Para evitar el desperdicio de alimentos hay algunas cosas que podemos hacer desde casa:

√ Planificar juntos las comidas y las cenas en un calendario semanal.

√ Aprovechar bien las sobras de las comidas haciendo platos nuevos.

√ Congelar lo que no se vaya a comer.

¡Imaginación al poder!

¿Por qué es importante no desperdiciar alimentos?

Ø *Porque... un consumo responsable contamina menos nuestro planeta.*

Ø *Porque... un consumo responsable conlleva un menor desperdicio de agua.*

Ø *Porque... una de cada diez personas pasa hambre en el mundo.*

Ø *Porque... supone un gasto de dinero innecesario.*

Fuera plásticos

Más de ocho millones de toneladas de plástico acaban cada año en nuestros océanos y mares, afectando de manera irreparable a los animales y a las plantas que los habitan.

El plástico es un material con una vida de uso muy corta, ya que casi siempre se trata de envases de usar y tirar. Después, apenas se recicla, y el que queda tarda siglos, siglos y siglos, en desaparecer. ¡Hasta mil años tardan en descomponerse algunos tipos de plásticos!

Aunque se inventó en el siglo XIX, fue a partir del XX cuando empezó a producirse en grandes cantidades. Si seguimos produciendo y consumiendo al mismo ritmo, ¿cuánto plástico inundará nuestro planeta?

PODEMOS REDUCIR EL PLÁSTICO QUE UTILIZAMOS SI...

√ Compramos todos los productos posibles a granel y además en la frutería utilizamos nuestras propias bolsas. Y, para transportar la compra, que sea con bolsas reutilizables.

√ Utilizar una botella de vidrio, de silicona o de acero inoxidable para el agua nos permite ahorrar un montón de plástico en botellas cuando estamos fuera de casa. ¿Y cuando estamos en casa? Agua del grifo.

√ ¡Di no a las pajitas! Esta es una de las formas más sencillas de ahorrarle plásticos a nuestro planeta.

CALENDARIO

ENERO

Aguacate, kiwi, limón, naranja, acelga, apio, cardo, col, coliflor, endibia, espinaca, lechuga, puerro, mandarina, pomelo, brócoli, col de Bruselas, nabo, remolacha, zanahoria.

FEBRERO

Aguacate, kiwi, limón, naranja, acelga, apio, cardo, col, coliflor, endibia, espinaca, lechuga, puerro, mandarina, pomelo, brócoli, col de Bruselas, nabo, remolacha, zanahoria.

MAYO

Albaricoque, cereza, fresa, acelga, alcachofa, endibia, espárrago, guisante, haba, lechuga, zanahoria, aguacate, frambuesa, limón, naranja, nectarina, ajo, apio, brócoli, cebolla, champiñón, espinaca, judía, patata, rábano y remolacha.

JUNIO

Albaricoque, cereza, fresa, mora, sandía, frambuesa, acelga, ajo, calabacín, endibia, judía, patata, lechuga, pepino, pimiento, zanahoria, limón, melocotón, mora, nectarina, tomate, alcachofa, remolacha, brócoli, cebolla, espinaca, guisante, rábano y apio.

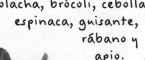
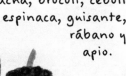

SEPTIEMBRE

Frambuesa, granada, higo, manzana, melocotón, melón, mora, pera, berenjena, tomate, uva, acelgas, calabaza, lechuga, cebolla, endibia, espinaca, judía, maíz, fresa, pepino, pimiento, puerro, zanahoria, lima, champiñón, nectarina, sandía, apio, calabacín, col, nabo, patata, rábano y remolacha.

OCTUBRE

Kiwi, acelga, batata, brócoli, calabaza, cebolla, col, endibia, espinaca, lechuga, puerro, rábano, remolacha, zanahoria, aguacate, caqui, granada, lima, limón, manzana, pera, tomate, alcachofa, uva, apio, berenjena, champiñón, col de Bruselas, judía, coliflor, maíz, nabo, patata y pimiento.

FRUTAS Y VERDURAS DE TEMPORADA

MARZO

Aguacate, kiwi, limón, naranja, acelga, apio, cardo, col, coliflor, endibia, espinaca, lechuga, mandarina, pomelo, alcachofa, cebolla, guisante, puerro, rábano, remolacha, zanahoria.

ABRIL

Aguacate, naranja, acelga, alcachofa, endibia, guisante, lechuga, apio, col, coliflor, haba, espinaca, lechuga, pomelo, espárrago, cebolla, limón, fresa, remolacha, zanahoria.

JULIO

Albaricoque, cereza, frambuesa, fresa, melocotón, mora, nectarina, pera, sandía, tomate, acelga, ajo, berenjena, calabacín, judía, lechuga, patata, pepino, pimiento, remolacha, zanahoria, higo, manzana, apio, calabaza, cebolla y rábano.

AGOSTO

Frambuesa, higo, melocotón, melón, mora, nectarina, pera, sandía, tomate, berenjena, calabacín, judía, lechuga, patata, pepino, pimiento, remolacha, zanahoria, albaricoque, fresa, lima, manzana, uva, acelga, apio, calabaza, col, espinaca, maíz, puerro, cebolla y rábano.

NOVIEMBRE

Aguacate, kiwi, lima, limón, mandarina, naranja, acelga, batata, brócoli, cardo, champiñón, col, coliflor, endibia, espinaca, nabo, lechuga, puerro, rábano, pomelo, brócoli, col de Bruselas, caqui, remolacha, zanahoria, manzana, alcachofa, apio y cebolla.

DICIEMBRE

Aguacate, kiwi, lima, limón, mandarina, naranja, acelga, batata, cardo, col, coliflor, endibia, espinaca, nabo, lechuga, puerro, pomelo, brócoli, col de Bruselas, caqui, remolacha, zanahoria, manzana, alcachofa, apio y cebolla.

1, 2, 3... ¡Muévete!

Además de alimentos ricos y saludables, nuestro cuerpo necesita movimiento y horas de sueño para funcionar bien. **La actividad física ayuda a que nuestros huesos, músculos y articulaciones estén** sanos y previene enfermedades como la obesidad. También el corazón, el cerebro y los pulmones se benefician del ejercicio.

Alimentación   Movimiento   Descanso

Formas de darle movimiento

- Caminar siempre que podamos. Es un recurso fácil, que no contamina y que podemos hacer en cualquier momento del día. ¡Hasta cuando llueve! ¿No es así más divertido?

- Montar en bici o en patines también son actividades molonas para darle movimiento a nuestro cuerpo. Seguro que más de un trayecto diario podemos hacerlo así. ¿Cómo vas al cole? ¿Podríais ir en bicicleta toda la familia?

 PARA VIVIR MÁS Y MEJOR, DALE MARCHA A TU CORAZÓN.

Vale.
No siempre es fácil
moverse por la ciudad.
Tampoco ayuda el ritmo
loco que vivimos y que no nos
deja mucho tiempo para la imaginación y la improvisación. **¿Uti-
lizáis transporte público?** A veces
usar el autobús o el metro nos ayuda a
movernos más: hasta la parada, de la
parada al destino, entre estaciones...

**Pero, si algo es necesario, es el juego
al aire libre.** Y no solo para los niños,
también para los mayores es benefi-
cioso. ¡Y divertido! ¿Cuántos juegos se te
ocurren que se pueden hacer en la calle o
en el parque? ¿Y en el campo?

Saltar a la comba y jugar a la goma son
juegos con un montón de posibilidades, y
pueden practicarse solos o en grupo.

**Nadar, practicar algún deporte con amigos o en
familia, bailar...** Seguro que se te ocurren muchas
más actividades para ponerte en movimiento.

**Limpiar la casa también nos obliga a movernos.
¡Coge el plumero y el aspirador
y dale ritmo con música!**

¿Cuántas horas dedicas a la semana a ver la televisión? ¿Y a juegos o actividades que nos obligan a permanecer sentados?

CON AMIGOS MOLA MÁS

Compartir tiempo y actividades con amigos también nos alimenta: una amistad saludable mantiene nuestra mente y nuestro corazón sanos. ¿Cuántas cosas puedes aprender de tus amigos cada día? ¿Y tú qué puedes enseñarles?

SIN DARSE CUENTA, SE HABÍAN DADO LA MANO Y ESCUCHABAN ENCANTADOS EN SILENCIO. CADA UNO DE LOS DOS SABÍA QUE EL OTRO SENTÍA LO MISMO QUE ÉL: LA ALEGRÍA DE HABER ENCONTRADO UN AMIGO.

La historia interminable,
de Michael Ende

¿SABÍAS QUÉ...

Dormir bien también es tan importante como la alimentación o el ejercicio físico. ¿Y qué es eso de dormir bien? Pues dormir las horas suficientes y hacerlo sin interrupciones, y en un lugar agradable y adecuado para el descanso: sin luz, en una cama cómoda, sin aparatos eléctricos en la habitación y con una temperatura que no sea ni muy alta ni muy bajita. Zzzzzz...